Comentario a Habacuc o Pesher Habacuc.

Manuscrito apócrifo de las Cuevas de Qumrán.

Academia cristiana.

Contenido

Introducción al Comentario a Habacuc. 4

Capítulo 1. 5

Capítulo 2. 6

Capítulo 3. 7

Capítulo 4. 8

Capítulo 5. 9

Capítulo 6. 11

Capítulo 7. 12

Capítulo 8. 12

Capítulo 9. 14

Capítulo 10. 15

Capítulo 11. 15

Capítulo 12. 16

Capítulo 13. 17

Detalles del manuscrito: Comentario a Habacuc. 17

Anexos sobre el Libro de Habacuc. 19

Habacuc debe esperar en la soberanía y poder de Dios. 19

Dios le enseña al profeta. 23

La adoración de Habacuc en tiempos difíciles: 25

Para Habacuc la fe era el medio para superar la adversidad...............27

Comentario a Habacuc o Pesher Habacuc.

Manuscrito hallado en las Cuevas de Qumrán. Identificado como 1QpHab (Cueva 1, Qumrán, pesher, Libro de Habacuc).

Descripción y contenido.

El Comentario a Habacuc es uno de los primeros manuscritos hallados en las Cuevas de Qumrán. Este texto contiene una interpretación a los dos primeros libros del profeta Habacuc. Se ubica su escritura en la segunda mitad del siglo primero de nuestra era común.

El manuscrito expresa un espíritu profético que presenta los acontecimientos de aquella época de la vida del escritor.

Hay dos aspectos que se destacan en el escrito. El primero muestra los conflictos dentro del marco religioso de Israel, así como las luchas de poder en la ciudad de Jerusalén, y en el sacerdocio que sirve en el templo.

Un segundo aspecto, es la presentación del poder romano, que se relaciona con los caldeos de la Sagrada Escritura, los llama "kittim".

El uso de la expresión: "Maestro de justicia" y "Sacerdote impío", son referencias a figuras específicas, pero sin revelar su identidad exacta.

Este manuscrito se convierte en una fuente valiosa de información sobre la vida espiritual y sacerdotal de la comunidad de Qumrán. Nos permite ver muchos conceptos acerca de Dios, de sus juicios, de la justicia, de la violencia y de los juicios del Señor, que tenía toda esta comunidad en aquellos tiempos.

Más detalles de este manuscrito al final de este capítulo.

COMENTARIO A HABACUC:

Capítulo 1.

Oráculo que vino mediante una visión al profeta Habacuc.

¿Hasta qué tiempo, Señor, estaré clamando por auxilio sin que sea escuchado; levantaré mi voz diciendo: Violencia, injusticia, y tú no me salvarás? ¿Por qué puedo ver crímenes e injusticia, opresión y traición?

Delante de mi rostro puedo ver sólo violencia, destrucción, surgen los conflictos y se levanta contiendas.

Uno despoja al otro, pelean entre sí, y sólo piensan en la destrucción.

Con tristeza veo, que la ley es menospreciada y sin uso. El corazón del hombre ha rechazado la ley de su Creador.

La justicia y el derecho no son vencedores, pues el malvado se acerca al justo y lo oprime. El sacerdote hace el mal, y por eso, la ley sale torcida.

Capítulo 2.

El hombre de mentira traiciona, y esto es porque no quisieron creer a las palabras del Maestro de justicia, palabras de Dios.

Los traidores de la alianza nueva, no creyeron en la alianza de Dios, y más bien fueron profanadores del santo nombre del Señor.

De igual modo, para los tiempos postreros, los traidores profanarán la alianza, no la creerán, cuando escuchen de la boca del sacerdote todas las cosas que han de suceder a la generación postrera; pues, Dios ha puesto sacerdote en medio de ellos para predecir el cumplimiento de las cosas.

Dios ha anunciado por medio de sus profetas todo lo que va a acontecer a su pueblo, Israel. Él dijo: "He aquí yo movilizaré a los babilonios, pueblo de gran crueldad y tenaz en su firmeza".

Nota: Se hace referencia a los kittim, pueblo poderoso y rápido en la batalla, ante ellos muchos serán destruidos y caerán a filo de espada bajo su dominio. Estos someterán y conquistarán muchos pueblos y naciones, no creerán en los mandamientos y ley de Dios.

Capítulo 3.

Este ejército avanzará sobre toda la llanura, destruirá y saqueará todas las ciudades del país.

Pues, estas son las palabras que ha declarado: Para conquistar las moradas ajenas.

Todas estas cosas son temibles y terribles, de su mano proviene el derecho, la justicia, y el dominio.

Los kittim, infunden terror y temor a todos los pueblos, planean con precisión y destreza sus maquinaciones, con astucia y engaño conducen sus planes entre los pueblos.

Su caballería es mucho más rápida que las mismas panteras, su ejército es feroz como lo son los lobos de la noche. Sus jinetes son hábiles y veloces, saltan y se lanzan desde lejos.

Son como el águila, que vuela con gran velocidad y se lanza para devorar. Se apresuran para la violencia. La respiración de sus rostros es como el viento de Este.

Los kittim, pisarán la tierra con todos sus caballos y con sus bestias, vienen desde lugares muy lejanos, desde las islas del extenso mar, con el propósito de devorar y someter los pueblos, como el águila, veloces e insaciables.

Con gran ira se reúnen, y con su rostro lleno de enojo hablarán a todos los pueblos. Con su fuerza reúnen a sus prisioneros como si fueran arena.

Capítulo 4.

Se burlan de los reyes, y menosprecian a los jefes. Ridiculizan a los gobernantes, tiene en poco a los poderosos, y de igual modo desprecian a los pueblos.

De los reyes y de los príncipes, hacen burlas, así como de sus pueblos. Se ríen de las plazas fuertes, pisotean la tierra y la conquistan.

Ellos desprecian las fortalezas de los pueblos, con soberbia y altanería se ríen de todos ellos.

Llegan a las ciudades, y las rodean con un gran ejército para conquistarlas. Y por el terror y el miedo, ellas se entregan en sus manos, y luego ellos las destruyen por la impiedad de sus habitantes.

Capítulo 5.

Ellos han venido a ser instrumento tuyo para juzgar. Roca, tú los has establecido para hacer corrección.

Tus ojos, con pureza sin igual, no pueden mirar el mal, no pueden contemplar la injusticia y la opresión.

Entonces, el Señor, no quebrantará a su pueblo mediante las naciones, sino que lo hará a través de sus elegidos, mediante ellos juzgará a todas las naciones.

De este modo, serán declarados culpables todos los impíos y malvados del pueblo. Estas son las palabras que se han declarado:

Tus ojos son de pureza sin igual, demasiado puros para ver el mal.

Sus ojos no se han inclinado a la maldad, ni a la impiedad.

¿Por qué miráis, traidor, y guardas silencio al ver que el malvado devora a uno más justo que él?

Nota: Se hace referencia a la casa de Absalón, quienes callaron cuando al ser reprendidos por el Maestro de justicia no le apoyaron contra el hombre impío, el que rechaza la ley de Dios.

Tú eres el Creador del hombre, el cual hiciste así como a los peces del mar.

Capítulo 6.

Los kittim, amasarán su fortuna a través de todos sus saqueos, como juntan los peces del mar.

Por eso, ofrecen sacrificios a su red, y además levantan y queman incienso a su ídolo. Levantan culto a sus dioses y sus armas vienen a ser objeto de su adoración.

Para ellos, es por esto, que es abundante su porción y su comida deliciosa. Esto se debe a que han arrasado con todos los pueblos, año tras año, y en muchos países.

Ellos sacan de su vaina la espada continuamente y matan pueblos enteros sin compasión.

Los kittim hacen perecer a muchas personas y pueblos, sin distinción, jóvenes, adultos y ancianos, así como mujeres y niños, no tiene misericordia alguna ni siquiera con los niños de pecho.

Ante todo esto, me pondré en guardia, me apoyaré en mi fortaleza, para saber que se me responderá a mi petición de justicia.

Entonces, el Señor me respondió diciendo: Escribe la visión, debes grabarla en tablillas, para que sea llevada por medio de pies veloces.

Capítulo 7.

Entonces, habló el Señor a Habacuc y le dijo que escribiese todas las cosas que le han de acontecer a la generación del fin de los tiempos, pero el fin mismo de aquella época no la dio a conocer.

El Maestro de justicia es aquel a quien Dios le ha revelado todos aquellos misterios de las palabras, así como a sus siervos los profetas; ya que la visión tiene un tiempo, ella tiene fin y no faltará.

Aunque la visión tarde, ella llegará, no se retrasará.

Los hombres de justicia y verdad, aquellos que practican la ley, cuyas manos no abandonan el servicio al Señor, aunque el tiempo se prolongue. Cada periodo llegará en su tiempo justo.

Capítulo 8.

Dios librará del juicio y del castigo a aquellos que cumplen la ley de justicia y verdad de la casa de Judá, aquellos por causa de sus trabajos y de su fidelidad al Maestro de la justicia.

La riqueza pervierte al hombre orgulloso y soberbio, no se detiene y ensancha sus fauces como el abismo, y no se sacia como la muerte misma.

Todos los pueblos se juntan contra él, y todas las naciones se reúnen contra él. ¿No es contra él que levantan proverbios, e interpretan adivinanzas a su costa?

Entonces dirán: Ay de aquel que amontona el bien ajeno ¿Hasta cuándo llenará su vida de deudas?

Nota: Hace referencia al sacerdote impío y sin temor de Dios, que fue fiel y diligente en su servicio al comienzo; pero, cuando tuvo gobierno sobre el pueblo hebreo, se ensoberbeció y abandonos a su Dios.

Se rebeló contra la ley de su Señor, y hurtando amontonó las riquezas de los hombres violentos que se habían levantado contra Dios. Además, también tomó de las riquezas públicas pecando contra el Señor. Cometió muchas acciones abominables con todo tipo de impurezas.

¿No se levantará de repente el acreedor, y no se levantarán aquellos que te zarandean? Tú mismo vendrás a ser su presa. Ya que zaqueaste pueblos, los demás te zaquearán a ti.

Capítulo 9.

Sufriendo aflicción por los castigos, resultado de la iniquidad. También los horrores y dolores de espantosas enfermedades, vinieron a actuar sobre él; esto era una venganza en su cuerpo de carne.

Los sacerdotes postreros amontonarán riquezas y botín del saqueo de los pueblos. En aquellos tiempos finales, sus riquezas caerán en manos del ejército de los kittim; por la sangre humana derramada, y por la violencia hecha al país y a sus habitantes.

Dios permite el castigo y la aflicción del sacerdocio, para aniquilar la amargura del alma que actúa con impiedad.

Ay de aquel que mete en su casa ganancias injustas, y planea librar en lo alto de su casa. En realidad, has planeado la afrenta, vergüenza y destrucción.

Capítulo 10

Las piedras de la casa claman, y responden las vigas de madera, es la casa del juicio, pues el Señor declarará su juicio sobre todas las naciones, y de allí saldrá el castigo.

Será declarado culpable, y será castigado con fuego y azufre.

Ay de aquel que edifica con sangre la ciudad, y se establece en la villa del crimen. Se agotan los pueblos por el fuego que viene, y se fatigan las naciones en balde.

La ciudad que se levanta con sangre y cuyos fundamentos son la injusticia y la impiedad, oprime con muchos trabajos vanos y engendra mientras, procurando su propia gloria, ciertamente será vanidad, irá al castigo del fuego, por haber ultrajado a los escogidos de Dios.

Pues, la tierra completa se llena del conocimiento de la gloria de Dios, así como las aguas llenan el mar.

Capítulo 11.

Tiempo después, les será enseñado el conocimiento, será en tanta abundancia como las extensas aguas del mar.

Ay de aquel que embriaga a su prójimo, del que derrama su furor. El sacerdote impío planea el mal, embriaga al otro, y ni siquiera respeta el día del Señor.

Bebe tú también y tiembla; porque la copa del Señor se vuelve contra ti. Esto es porque no has circuncidado tu corazón, y más bien has caminado por la senda de la embriaguez para apaciguar tu sed.

Sin embargo, la copa del furor del Señor, se acumula con oprobio y dolor contra ti.

Capítulo 12.

Sera tiempo de terror, y esto debido a la sangre de derramada y por la violencia contra el país, contra la ciudad y contra todos sus habitantes.

Esto viene a ser la recompensa por las malas obras. El impío sufrirá la condenación del Señor.

Ay del que le dice al leño: Despierta; y a la piedra: Mira. Pues en el día del juicio nada harán, no les salvarán.

Nota: La ciudad de Jerusalén, en donde el sacerdote impío profanó y cometió acciones que el Señor aborrece, será violentada.

Capítulo 13.

Con voz fuerte se escucha: Silencio en su presencia todo el mundo.

Las naciones de la tierra que sirven al leño y a la piedra vendrán ante él para el juicio. En aquel tiempo el Señor destruirá a todos los que adoran a los ídolos y a todos los de corazón rebelde e impío.

Detalles del manuscrito: Comentario a Habacuc.

Se destaca el hecho de que el comentario a Habacuc guarda muchísima relación con el texto mismo del profeta Habacuc. Sus diferencias son muy pocas.

Y como podemos leer, el escritor de este comentario, llega a una conclusión, muy parecida a la del profeta Habacuc. Es decir, que por medio de la fe en Dios es posible perseverar, y al final la justicia divina prevalecerá.

En este comentario hace falta por completo el capítulo tres de Habacuc.

Básicamente, el texto enseña que el líder de la comunidad, el Maestro de justicia, ha estado en relación íntima con Dios, y por tano, ha recibido el significado veraz de las Escrituras.

Entre aquellos que se oponen, está el Sacerdote impío, quien es un falso líder religioso, que traicionó la confianza del Maestro de justicia. El sacerdote impío finalmente muere recibiendo el castigo por sus obras impías.

Perspectiva bíblica. Versión Biblia Reina Valera 1960.

Habacuc debe esperar en la soberanía y poder de Dios.

Debemos tener presente que para Abraham no fue fácil esperar el tiempo de Dios respecto a la promesa de su hijo. Sin embargo, en el tiempo perfecto, el Señor hizo un milagro en su matrimonio, y pudo vivir con su esposa Sara la bendición de tener a Isaac.

Dios es fiel para hacer lo que ha prometido. La fe es expectativa por la obra que Dios hará; por lo tanto, nuestro corazón debe estar a la espera de los milagros como respuesta de Dios.

Algunas veces esperar la respuesta de Dios es difícil.

Habacuc 1:1-2 "La profecía que vio el profeta Habacuc. ¿Hasta cuándo, oh Jehová, clamaré, y no oirás; y daré voces a ti a causa de la violencia, y no salvarás?".

Como podemos ver, la fe del profeta está pasando por momentos difíciles, de hecho expresa, que ha estado orando y esperando por mucho tiempo, por eso pregunta "¿hasta cuándo clamaré y no oirás?".

Creo que todos, de una o de otra manera hemos vivido esto, es decir, dedicamos cierto tiempo a la oración pidiendo a Dios por una respuesta, pero transcurre el tiempo y no la vemos, y esto puede generar en nosotros ansiedad o angustia, al no lograr depositar toda nuestra confianza en las manos de Dios.

El profeta añade diciendo: "¿Hasta cuándo daré voces a ti a causa de la violencia, y no salvarás?", el profeta Habacuc estaba viviendo tiempos difíciles, tiempos en los que la violencia y la injusticia eran el pan de cada día.

Habacuc clamaba a Dios por verdaderos cambios, pero la situación parecía empeorar. A veces enfrentamos tiempos complicados, o tiempos de grandes desafíos, en donde tener fe en las promesas de Dios será lo que nos sostenga y fortalezca para avanzar.

A veces esperar la respuesta de Dios es difícil; confiar en sus promesas cuando los resultados no llegan es complicado; son desafíos de fe y precisamente confiar en Dios implica esperar sus tiempos.

A veces por la ansiedad o por los afanes propios aceleramos las cosas y los resultados no son buenos; es como cuando se usan químicos para acelerar la maduración de los frutos, el resultado no es el mejor, es un resultado alterado. Dios es quien tiene los tiempos para cada perfecto momento, y lo mejor para nuestra vida es esperar y confiar en él.

El poder soberano de Dios siempre prevalecerá.

A veces el entorno en el que estamos, hace más difícil nuestra fe. Era el caso del profeta Habacuc:

Habacuc 1:3-4 "¿Por qué me haces ver iniquidad, y haces que vea molestia? Destrucción y violencia están delante de mí, y pleito y contienda se levantan. Por lo cual la ley es debilitada, y el juicio no sale según la verdad; por cuanto el impío asedia al justo, por eso sale torcida la justicia".

El profeta Habacuc expresa su lucha al ver la iniquidad y la violencia delante de sus ojos, su corazón se molesta al ver la prosperidad del impío, y cómo prevalece la fuerza del que hace mal. Eran tiempos donde muchos se preguntaban ¿Dónde está Dios? Y creo que a veces el cristiano puede hacerse algunas preguntas como:

¿Por qué le va bien al que no tiene temor de Dios?

¿Por qué la maldad pareciera ser premiada y aplaudida?

¿Por qué le va mal al que sirve a Dios?

Seguramente el profeta era testigo de muchas acciones pecaminosas, y veía al justo padecer. Veía continuas peleas y conflictos, veía corrupción y no se ejecutaba la verdadera justicia, además el impío salía triunfador y las leyes eran mal aplicadas.

A veces nuestra vida, de repente, enfrenta tiempos donde no comprendemos lo que está sucediendo. Por ejemplo, el ministerio del Señor Jesús sólo llevaba tres años y medio de bendición y cuando estaba todo en un excelente momento, les dice Jesús a sus discípulos: "Mi hora ha llegado" (hablando de su sacrificio en la cruz del calvario).

Para los discípulos, esto fue difícil de comprender, de hecho fue algo que sólo después de la resurrección del Maestro vinieron a asimilar. Entonces, hay cosas que Dios hace que inicialmente no comprendemos ni asimilamos, y más bien debemos confiar en el Señor, sabiendo que él todo lo hace bien.

Pero, todo era parte del plan de Dios. A veces aparecen cosas complicadas en la vida, pero de algo debemos estar seguros: Dios sabe todas las cosas y tiene la solución para toda dificultad. Al final la verdad y la justicia de Dios, prevalecerán.

Dios le enseña al profeta.

Habacuc 1:5 "Mirad entre las naciones, y ved, y asombraos; porque haré una obra en vuestros días, que aun cuando se os contaré, no la creeréis".

Este versículo cinco contiene unas poderosas declaraciones de Dios. En primer lugar, le enseña a su siervo el profeta Habacuc, que él no se ha desentendido de su pueblo, ni sus ojos están cerrados ante todo lo que está sucediendo.

Dios le dice al profeta que su obra es poderosa y sobrenatural, él actuará de tal manera que todos se quedarán asombrados de su obra, y expresa "haré una obra en vuestros días", queriendo decir, que la respuesta al clamor de Habacuc había llegado, y que sus oraciones no habían sido en vano.

La respuesta de Dios sería tan maravillosa y poderosa que no sólo causaría gran asombro, sino que muchos incluso al escuchar aquella obra, ni siquiera lo creerían.

Entonces, Dios no había cerrado sus oídos al clamor del profeta, ni se había demorado en su respuesta, él estaba preparando algo maravilloso para hacer en aquellos días. Cuando Dios está en silencio, está trabajando en algo poderoso a favor de tu vida.

Aquellos días fueron muy duros y difíciles para el profeta, y hasta ser profeta en aquellos tiempos era complicado, pues el pueblo está cometiendo injusticia y maldad, y al profeta no le va muy bien en esos tiempos, pues sus mensajes son de confrontación, y por eso experimenta el rechazo de sus hermanos.

En este versículo cinco, el Señor le responde al profeta diciendo: "Ha llegado el momento de intervenir, vas a ver mi mano moverse de tal manera que todos se asombrarán de lo que haré".

Cuando transcurre el tiempo sin ver cumplida la palabra de Dios, podemos pensar muchas cosas, pero la Biblia enseña que Dios recompensa a aquel que fielmente cree y espera en él. El Señor no miente, él tiene sus tiempos y sus maneras, él todo lo hace bien.

En la medida en que el profeta escucha la voz de Dios, y comprende la poderosa y soberana manera de obrar del Señor, él se despoja de sus preocupaciones y frustraciones, para llegar al punto de confiar en Dios y poner por completo su vida en sus manos, y termina dando alabanzas al Señor, por encima de su situación. Veamos cómo lo hizo el profeta:

La adoración de Habacuc en tiempos difíciles:

La Biblia, nos enseña una y otra vez cuán importante es desechar el orgullo, la soberbia y toda clase de autosuficiencia, es necesario reconocer nuestra gran necesidad de Dios. Él es Todopoderoso y bueno, por tanto, puede ayudarnos en toda situación.

Nos dice el profeta Habacuc en su libro (Habacuc 3:17-18): "Aunque la higuera no florezca, ni en las vides haya frutos, aunque falte el producto del olivo, y los labrados no den sus productos, y las ovejas sean quitadas de su redil, con todo yo me alegraré en el Señor y me gozaré en el Dios de mi salvación".

Seguramente, el profeta concluye que debido a las fuertes sequías o arrasados por el ejército del imperio babilónico se acabarían los rebaños, y serían destruidos los cultivos, las higueras, los olivos, el trigo, etc. El futuro era incierto y oscuro.

Sin embargo, vemos que el profeta está confiado en el cuidado y la bondad del Señor; por eso, decide que estas cosas no van a quitarle su gozo en Dios, por eso dice: "Con todo yo me gozaré en el Dios de mi salvación". La fe en el Señor nos hace fuertes ante la adversidad. La confianza en Dios y en su cuidado nos lleva a adorar aun en los tiempos difíciles.

Seguramente, en el camino de la fe en Dios surgirán adversidades u obstáculos que debemos superar, y tal vez algunos de esos tiempos sean de escasez (como le sucedió a Israel y al profeta Habacuc), pero aquellos son tiempos en los que debemos fortalecernos en el poder del Señor, pues al final, la bendición sobrenatural de Dios se hará manifiesta. Definitivamente el Señor es nuestra fortaleza y refugio en todo tiempo.

Tengamos presente aquí lo que la Biblia declara en el Salmo 23 "El Señor es mi pastor y nada me faltará... Aunque ande en valle de sombre de muerte, no temeré mal alguno porque tu estarás conmigo; tu vara y tu cayado me infundirán aliento".

Para Habacuc la fe era el medio para superar la adversidad.

Debemos recordar que a pesar de todos los beneficios y privilegios que Lucero (el diablo) tenía en el cielo, se dejó llevar por su soberbia y autosuficiencia y se rebeló contra Dios perdiéndolo todo.

Es fundamental desarrollar un corazón manso y humilde; por eso, el Señor Jesús dijo: "Aprended de mí que soy manso y humilde de corazón". Podemos reflexionar en la oración y vida de Habacuc el profeta, pues él adora a Dios en medio de su dificultad.

La fe confía en Dios, a pesar de ver la dificultad.

Habacuc 3:17-18 "Aunque la higuera no florezca, ni haya fruto en las vides; aunque falte el fruto del olivo, y los labrados no den mantenimiento; y las ovejas sean quitadas del redil, y no haya vacas en los corrales; con todo, yo me alegraré en Jehová, y me gozaré en el Dios de mi salvación."

Éste libro fue escrito hace 2.600 años atrás aproximadamente, y siguen siendo vigentes y poderosas sus palabras hoy, pues la palabra de Dios permanece para siempre. El profeta e Israel están pasando por tiempos difíciles, pues el imperio de Babilonia viene arrasando con todos los pueblos y la sequía que había llegado a tierras hebreas estaba dejándolos sin nada.

Eran tiempos complicados, donde la fe en Dios es la que nos lleva a confiar en que al final todo saldrá bien.

Éste libro lleva el nombre de su autor: Habacuc, nombre que significa: luchador, uno que abraza. Sin duda hace referencia a la actitud con la que el profeta enfrenta éste difícil tiempo y cómo se abraza o aferra a Dios confiado en Su protección y provisión.

La verdadera fe decide adorar a Dios y se fortalece en su presencia.

Habacuc 3:18 "Con todo, yo me alegraré en Jehová, y me gozaré en el Dios de mi salvación".

Éste versículo nos deja ver la decisión que toma el profeta: "Me alegraré y me gozaré en Dios". Él no permite que la tristeza y la angustia inunden su corazón, él decide entrar a la presencia del Señor y alegrarse en él, pues su gozo no está determinado por las circunstancias externas, sino por la verdad divina, y esa le ha enseñado que el Señor es "El Dios de su salvación".

Dios vendrá a salvarlos, y lo sacará en victoria sobre aquella complicada situación, porque no hay nada difícil para Dios.

La fe está centrada en el poder y fidelidad de Dios.

Habacuc 3:19 "Jehová el Señor es mi fortaleza, Él hará mis pies como de ciervas, y me hará andar sobre mis alturas. (Al principal de los cantores, sobre mis instrumentos de cuerdas)."

Habacuc tiene claro y lo expresa aquí: "Dios es mi fortaleza". No son nuestras capacidades o virtudes, tampoco es nuestra experiencia o conocimiento lo que nos dará la victoria sino el poder y fidelidad de nuestro Dios. Es él quien nos capacita para enfrentar los obstáculos y superarlos, por eso dice: ""hace mis pies como de ciervas y en alturas me hace andar".

Respecto a la mención de las ciervas, vemos que son animales que han sido diseñados por Dios para vivir, caminar, correr y huir a grandes velocidades por las escarpadas y altas montañas, donde sus devoradores no pueden llegar o no las pueden alcanzar.

Así, Dios nos capacita para caminar sobre los problemas y sobre nuestros enemigos, él nos ayuda para caminar por el sendero de su voluntad. Creer en Dios nos da la victoria.

La fe se renueva mediante la adoración.

Habacuc 3:1 "Oración de Habacuc profeta, sobre Sigionot."

Este versículo nos dice claramente que esta es una oración del profeta, pero añade diciendo: "sobre Sigioniot". Es muy interesante ver la versión de la Biblia en Lenguaje Sencillo (BLS) la cual nos dice así: "Yo, el profeta Habacuc, compuse esta oración para acompañarla con una melodía especial".

Lo que nos deja ver, que el profeta estaba también pensando en una canción, es una oración acompañada de instrumentos.

Sigionot, es el plural de la nota musical hebrea "sigaion". Por eso algunas versiones bíblicas traducen así: "Oración del profeta Habacuc, en el tono de Sigionot".

En el pueblo hebreo a diferencia de nuestra escala: "do, re, mi, fa, sol, etc", ellos usa usaban unos tonos que se llamaban: "Seminit, Sigaión, Gitit, Alamot, etc", y éstas expresiones decían el tono en que se debía cantar la oración.

Además, éste tono "Sigionot" indicaba que debía cantarse con júbilo y gozo. La fe y la adoración son el camino para vencer la dificultad.

Deposita tu confianza en Dios. Puedes confiar en el Señor en todo tiempo, la comunión con él produce gozo en nuestro corazón, y nos impulsará para caminar sobre la dificultad y sobre nuestros enemigos conduciéndonos al destino de la bendición.

Dios es bueno, y por tanto, todas sus obras van dirigidas al bienestar de cada uno de sus hijos; aunque a veces, no entendemos bien lo que el Señor está haciendo, todo lo hace para su gloria y bendición nuestra.

Dios es protección y provisión para sus hijos, el Señor es la fortaleza del creyente.

La palabra fortaleza en el texto de Habacuc 3:19, es traducida del término hebreo "Kjáil", que significa: facultad o "potencialidad", capacidad de hacer o de producir. Con cierta frecuencia el término aparece en un contexto marcial. Se trata de la "fuerza" física, de la "potencia" y capacidad de desempeñarse bien en el campo de batalla.

"Fortaleza" nos habla primeramente de la fuerza de Dios que viene sobre el creyente y lo capacita para vencer en medio de la batalla espiritual, pues en él somos más que vencedores.

"Jehová el Señor es mi fortaleza, el cual hace mis pies como de ciervas, y en mis alturas me hace andar". Habacuc 3:19.

En el Antiguo Testamento, los términos "ciudad" y "fortaleza" eran virtualmente sinónimos, pues las ciudades a causa de los enemigos debían construirse en sitios estratégicos (lugares altos) y rodeados de murallas. Nuestro Dios es nuestra fortaleza, pues nos guarda y protege del enemigo, David vivió esta verdad cuando huía del rey Saúl y Dios lo libró, y por eso cantó: "Jehová, roca mía y castillo mío, y mi libertador; Dios mío, fortaleza mía, en él confiaré, mi escudo, y la fuerza de mi salvación, mi alto refugio" (Salmo 18:2).

Cuando logramos depositar nuestra confianza en Dios, le adoramos y seguimos en medio de las dificultades, y perseveramos en él, Dios no sólo es escudo alrededor nuestro, en él somos inaccesibles para el enemigo.

Reflexionemos ahora en la frase: "él hace mis pies como de ciervas, y en mis alturas me hace andar".

Esto nos permite concluir que con el poder de Dios podemos caminar en victoria y ser intocables para el enemigo. Los ciervos de las montañas palestinas se destacan por su gracia y ligereza, con sus patas tienen la habilidad de saltar y correr entre las pendientes rocosas ("alturas").

El macho suele vivir en solitario, mientras que las hembras, junto con los ejemplares más jóvenes y crías, se organizan en rebaños que pueden ir desde 3 ejemplares a más de 20, por ser las hembras las que finalmente se encargan del rebaño, nos dice el texto: "Dios hace mis pies como de ciervas".

Las ciervas en las zonas altas, escarpadas y pendientes, se sienten más seguras, pues difícilmente los depredadores (osos, leones, lobos) pueden alcanzarles para devorar sus crías. Así pues, Dios nos da la capacidad de caminar por sendas seguras, y de rectitud donde el enemigo no nos puede tocar, ni alcanzar.

Como el profeta Habacuc, nosotros podemos confiar en Dios en todo tiempo, esa confianza en él, produce gozo en nuestro corazón, pues sabemos que Dios nos sostendrá y fortalecerá, y él nos impulsará para caminar en victoria.